INTERIOR DESIGN LIBRO DA COLORARE

Copyright © 2020 Katrin Stark

TUTTI I DIRITTI RISERVATI

Questo libro appartiene a:

Pagina di prova del colore

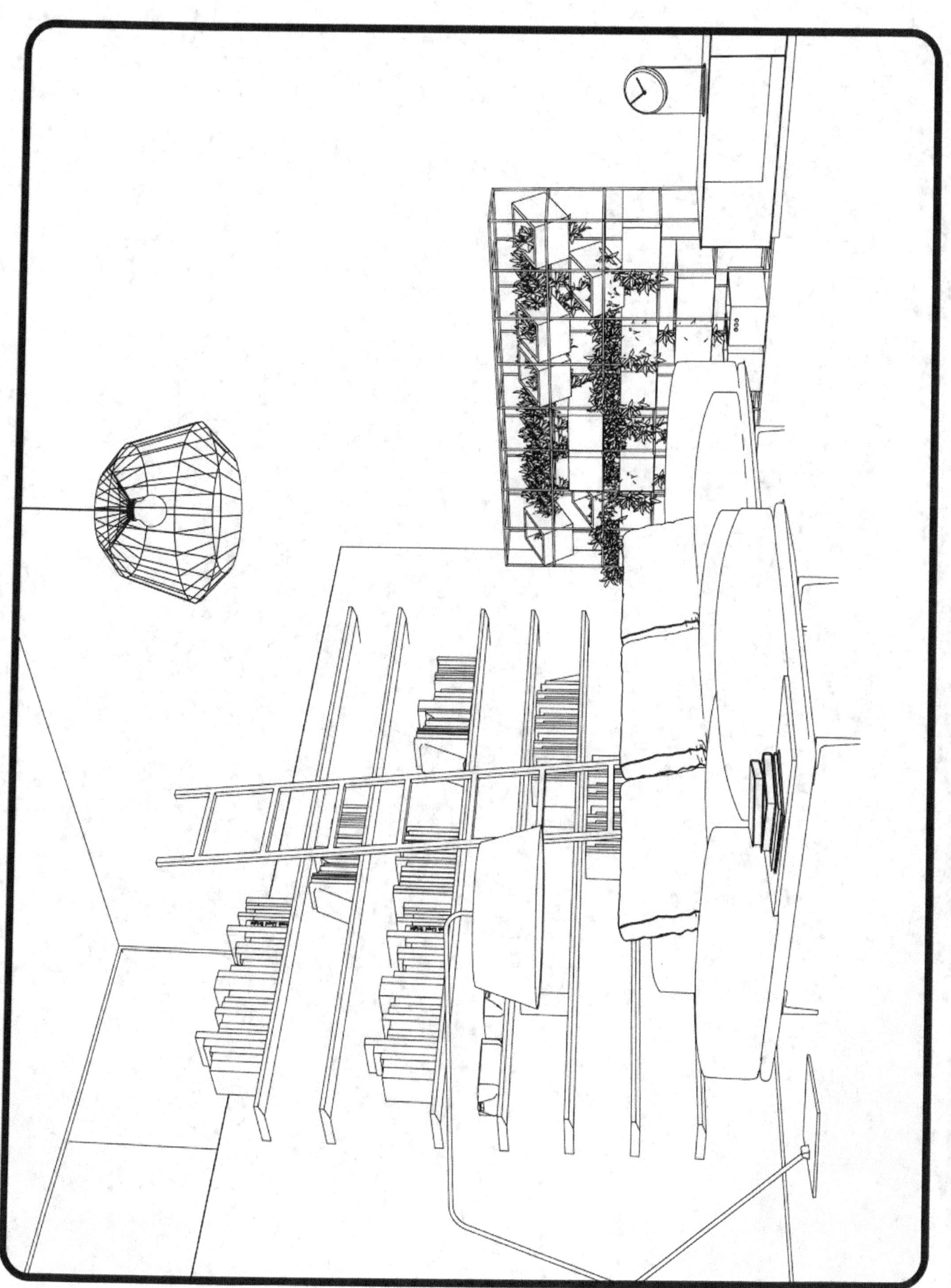

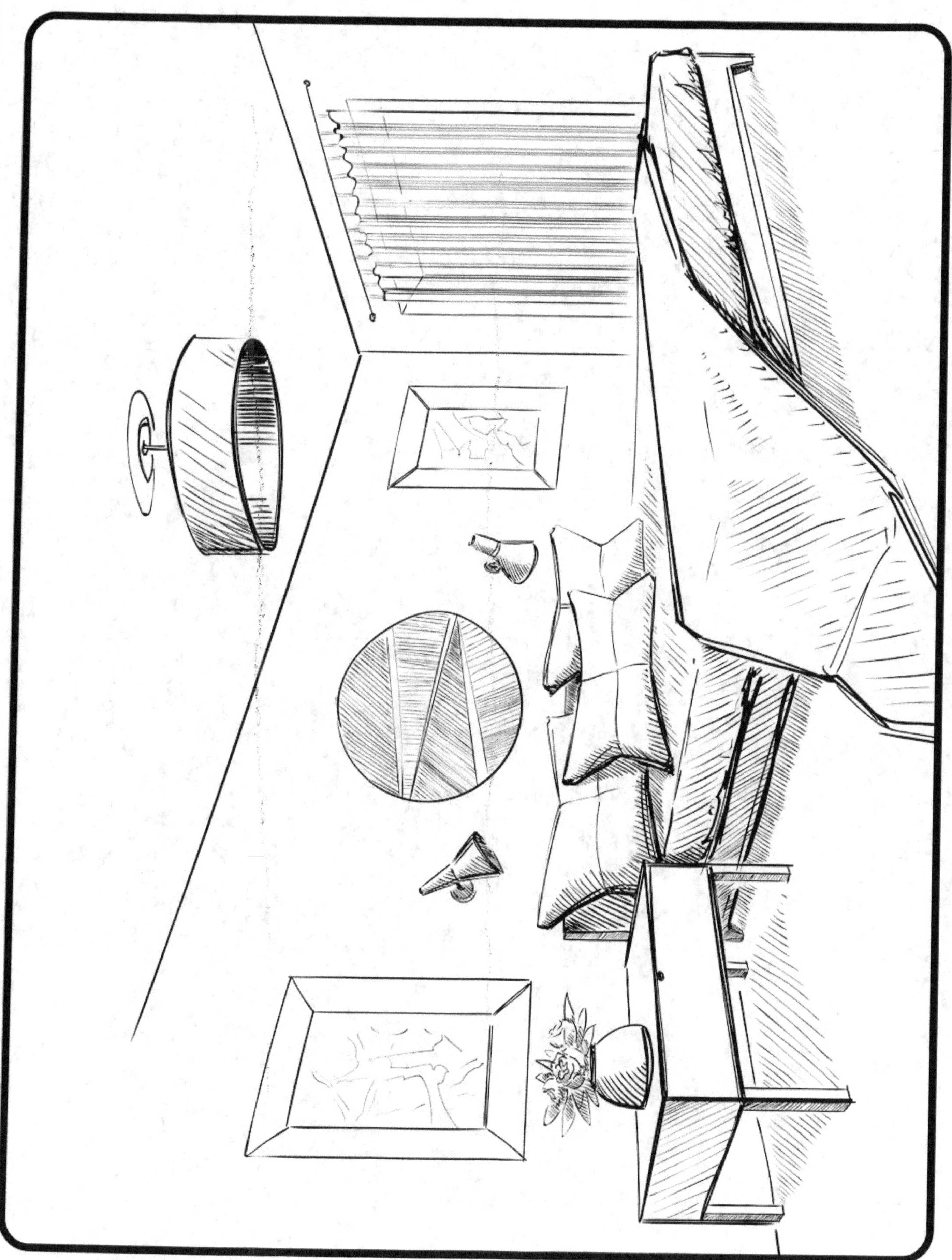

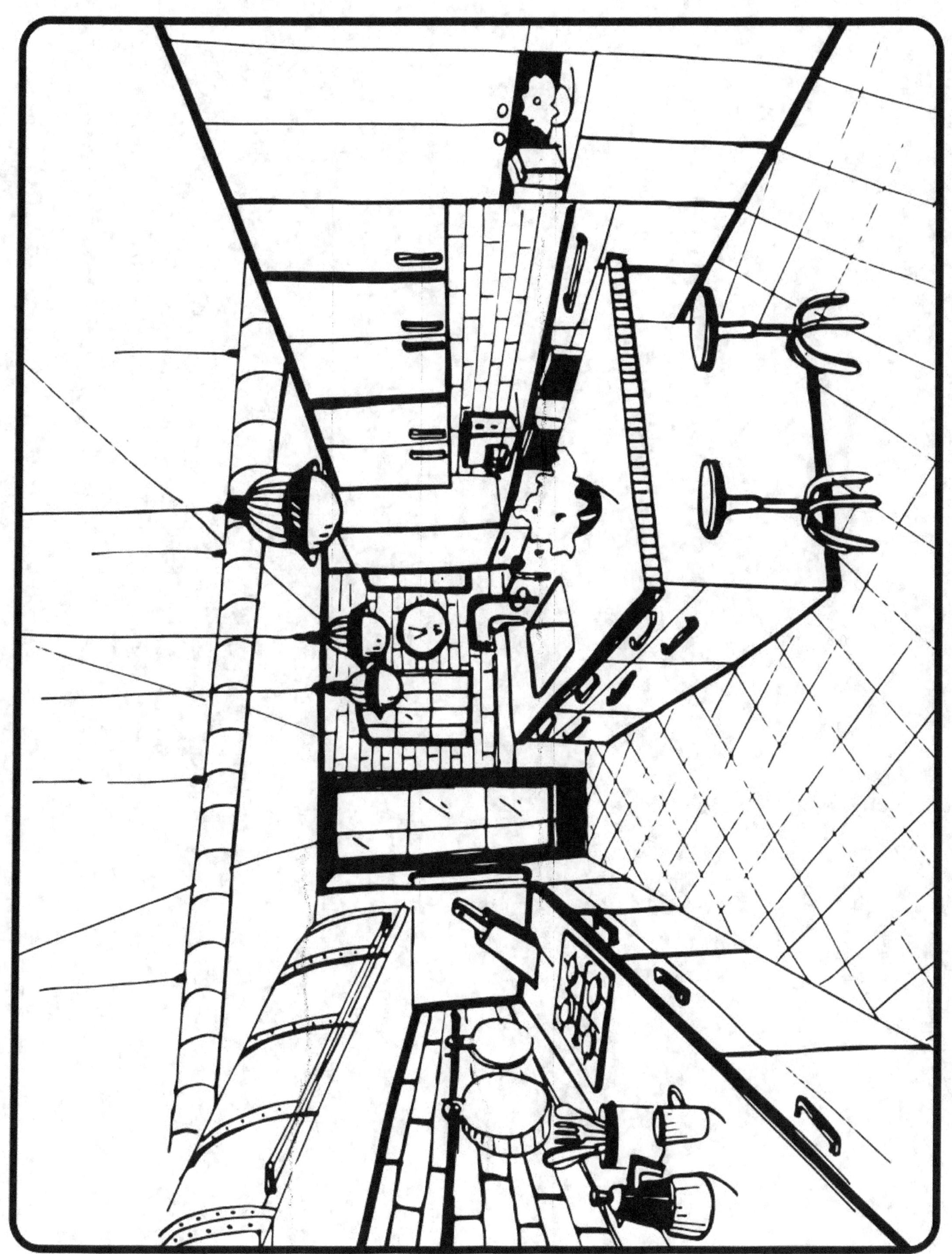

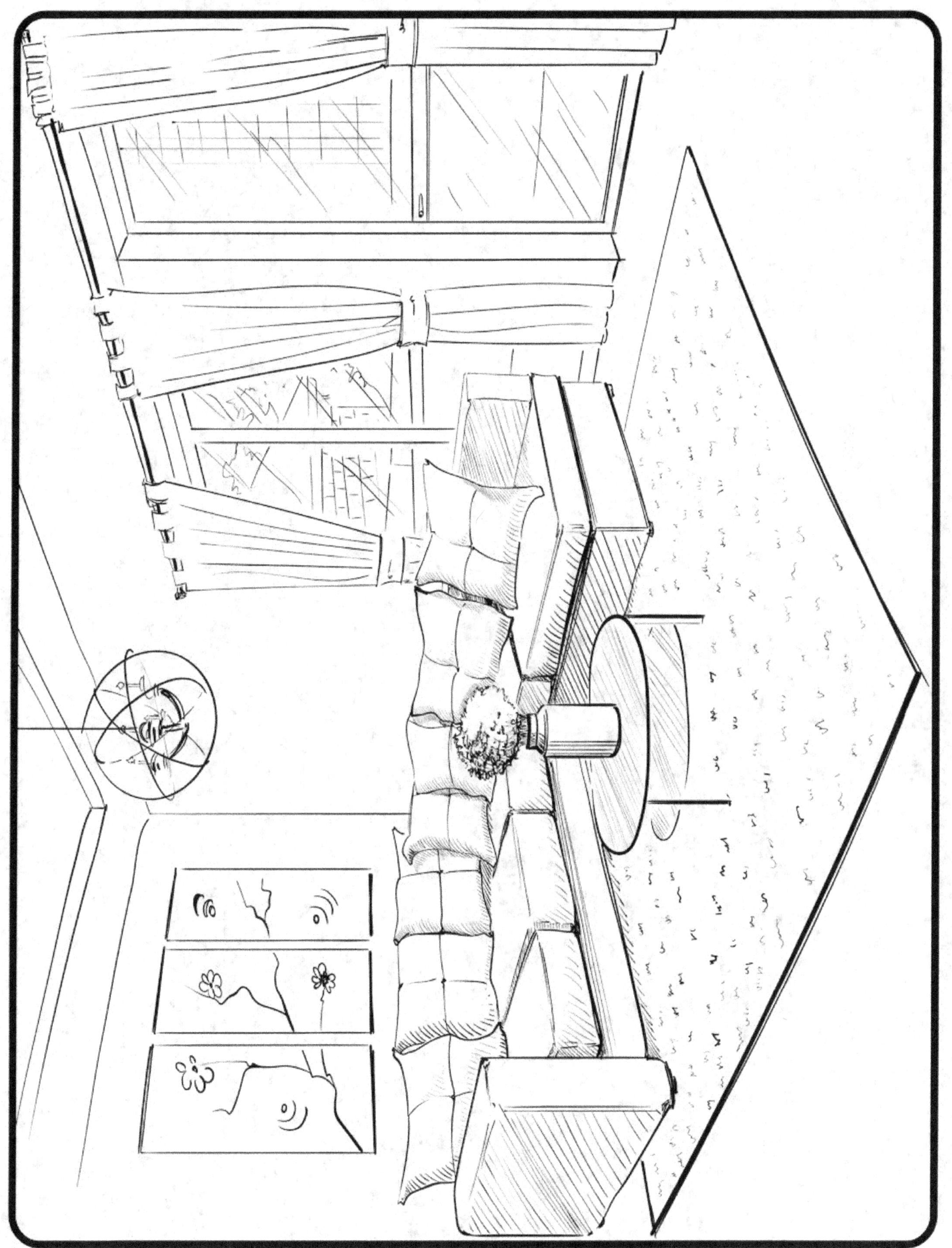

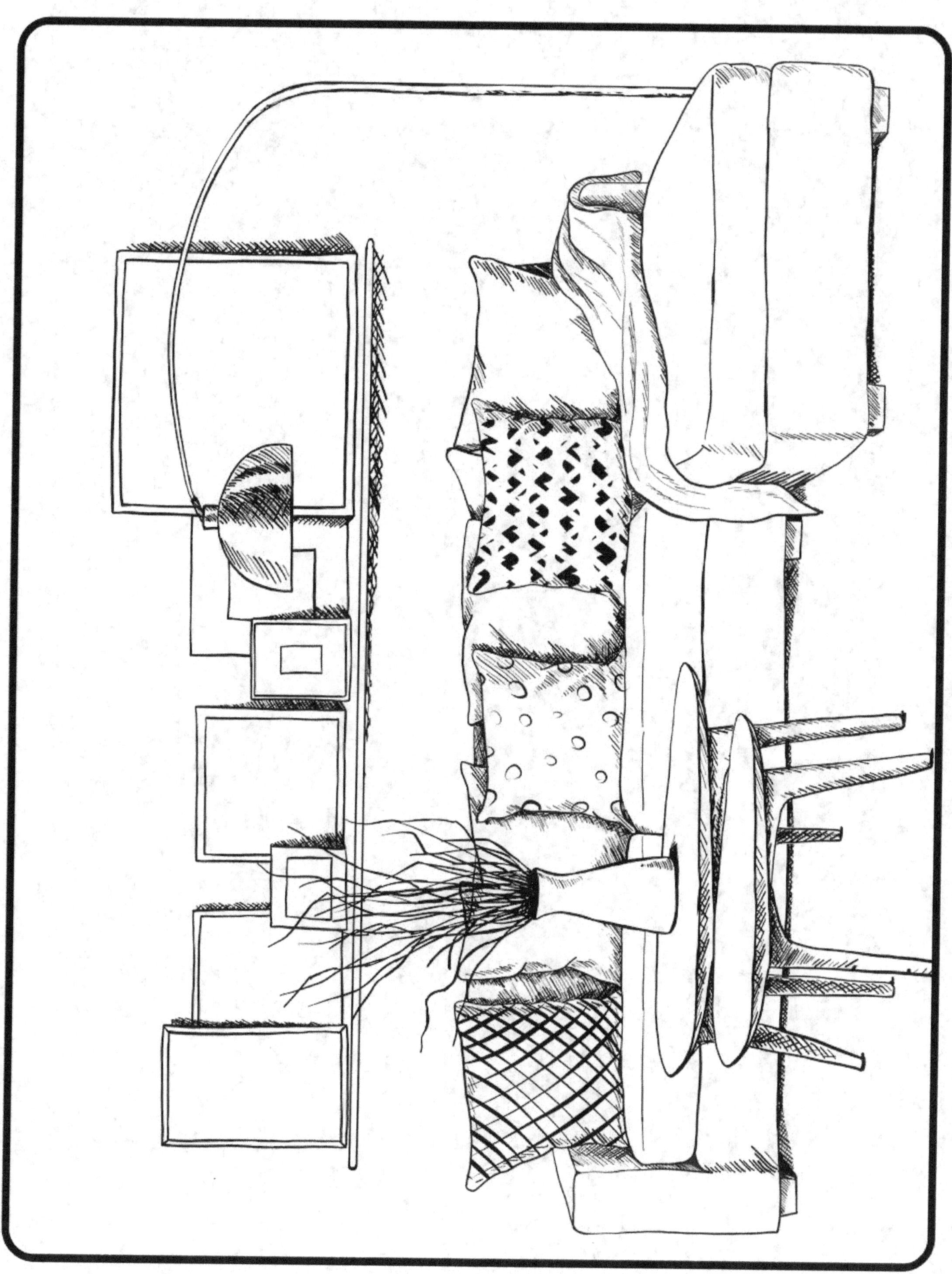

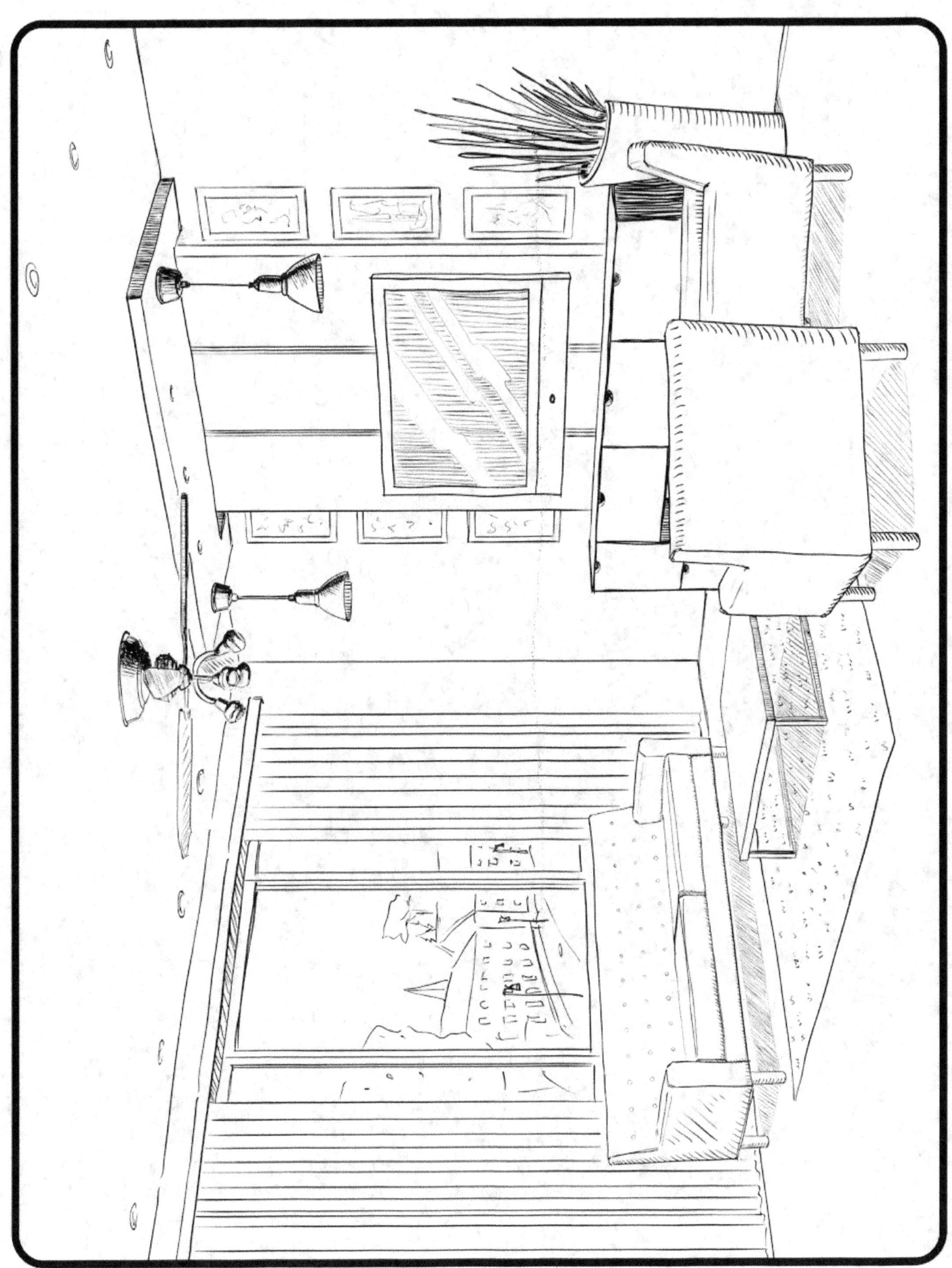

OFFICE

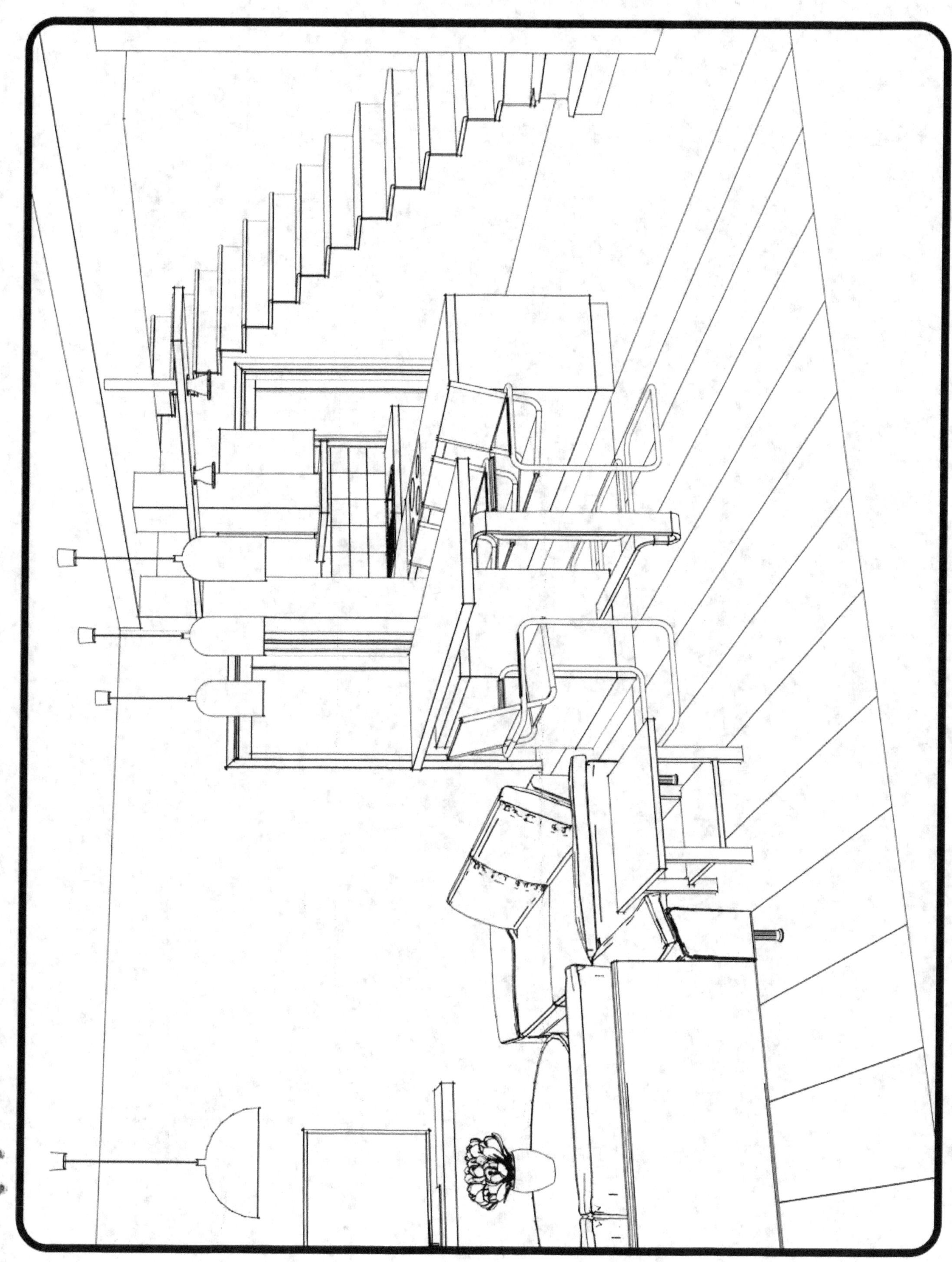

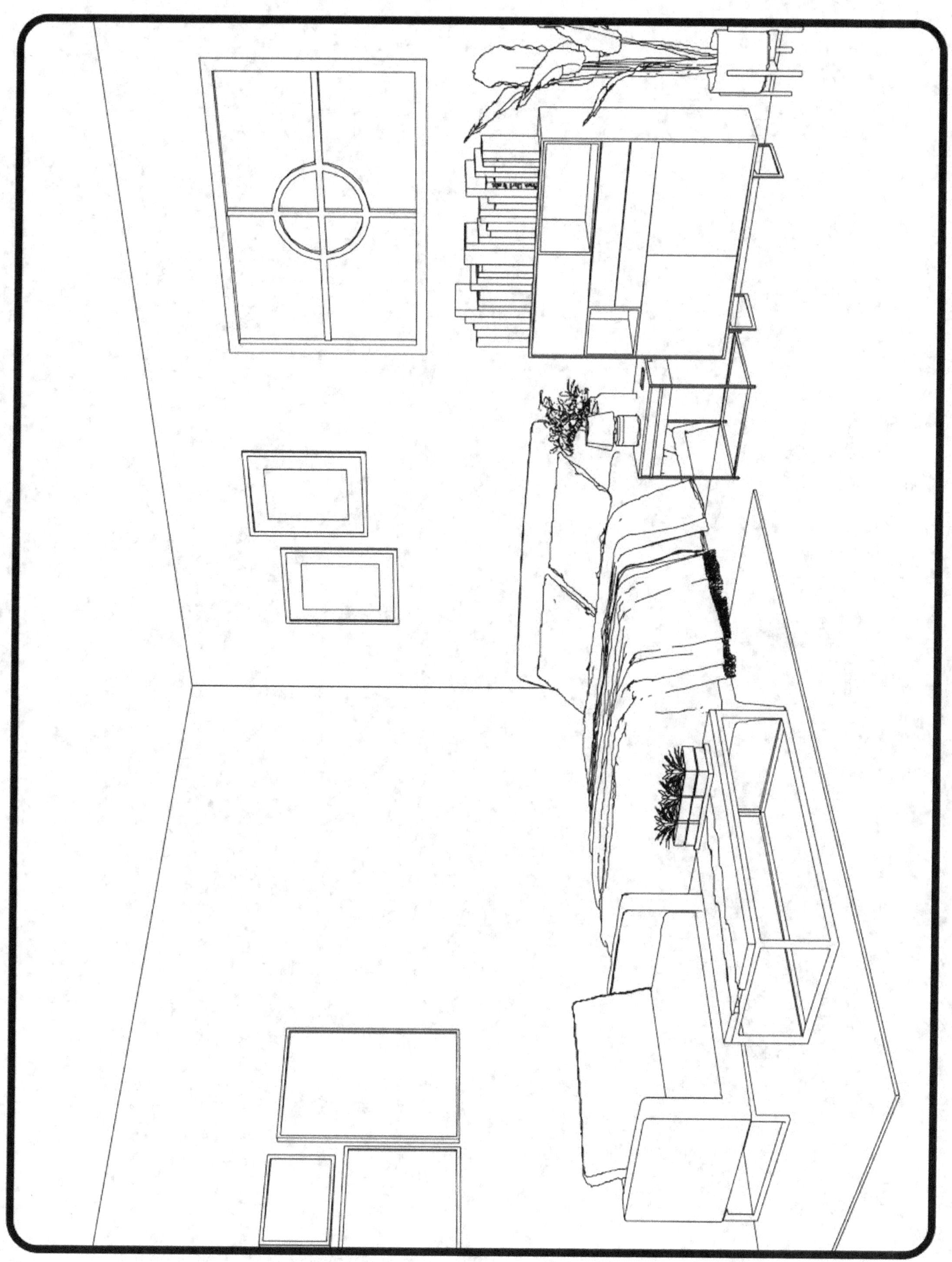

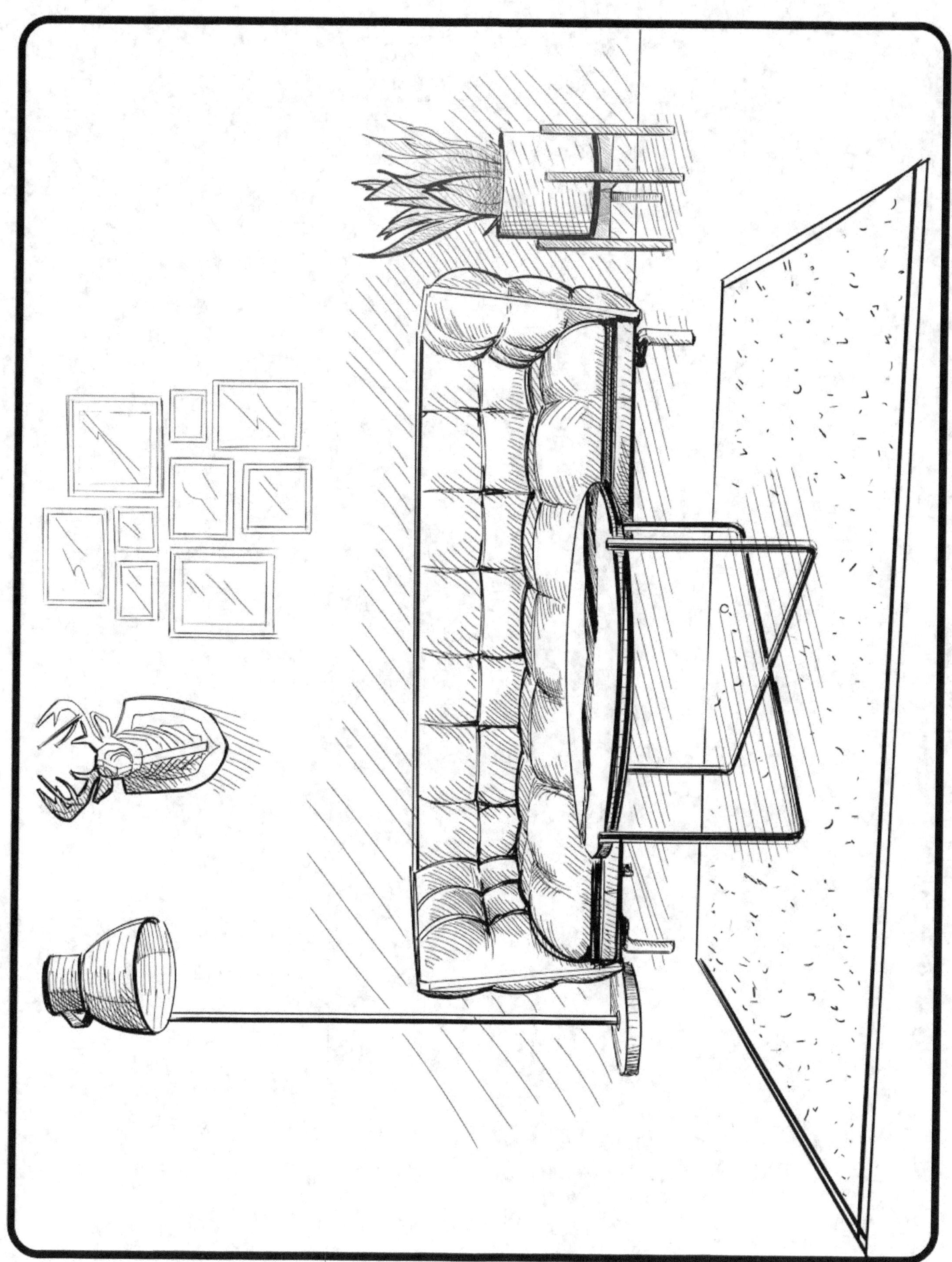

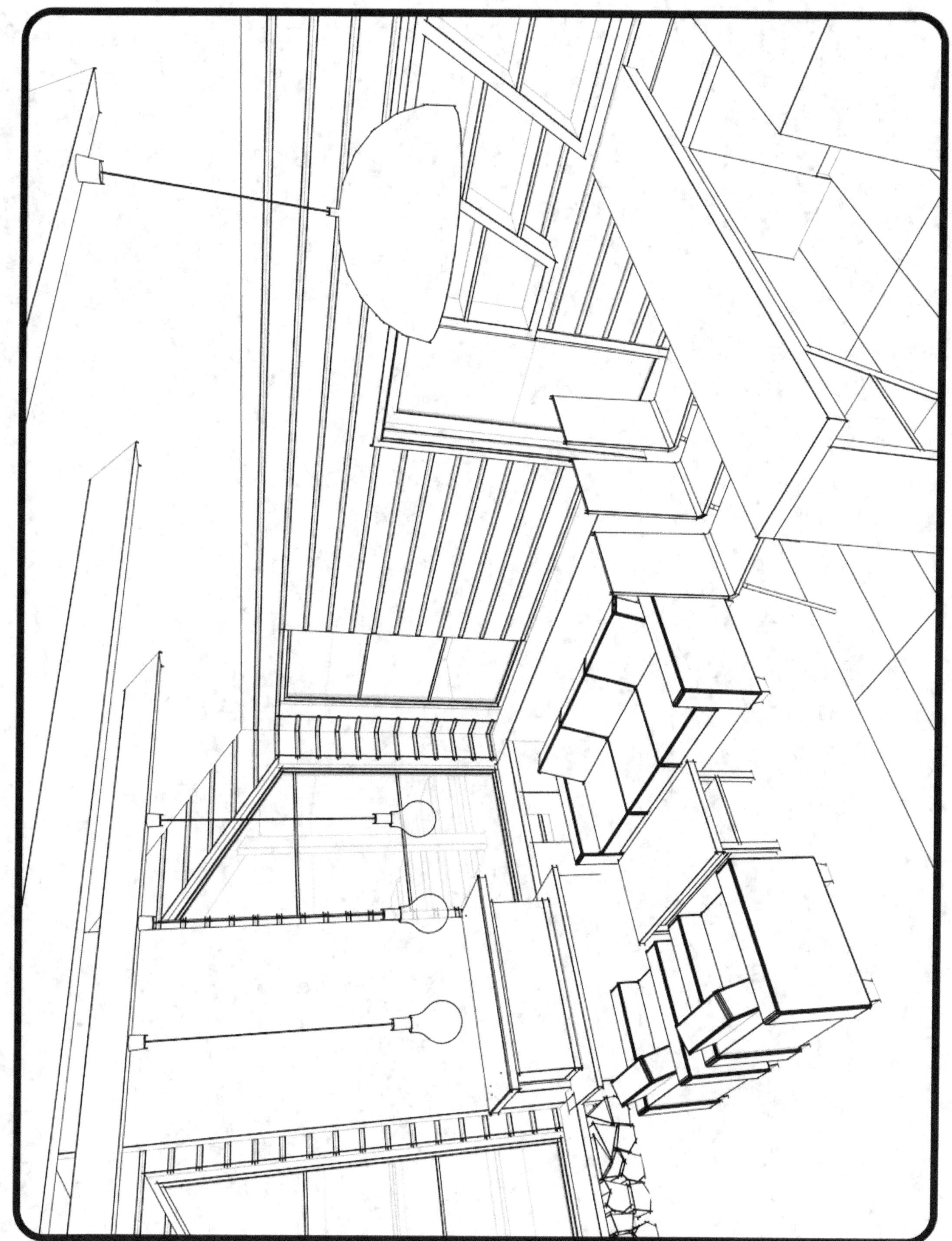

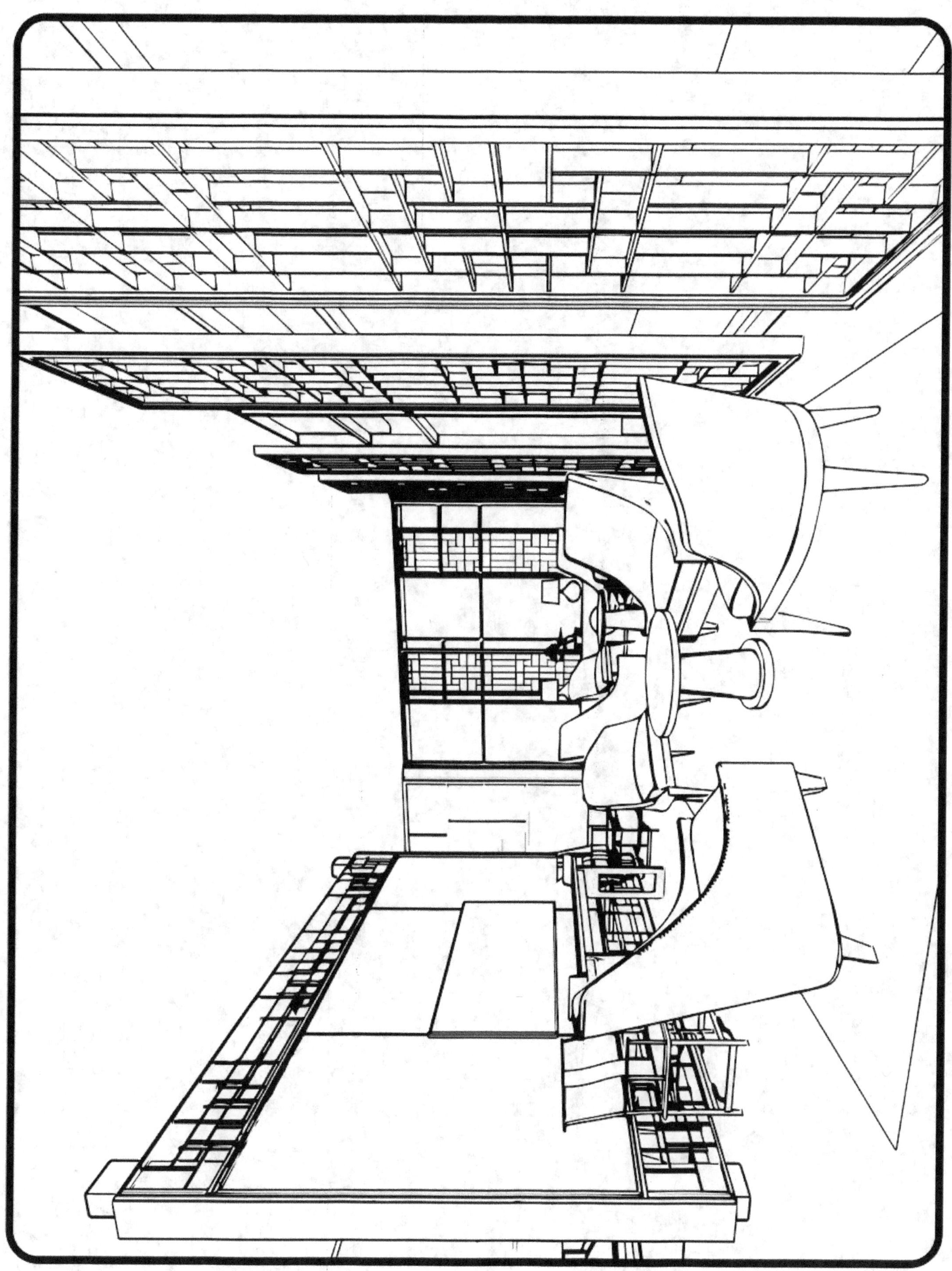

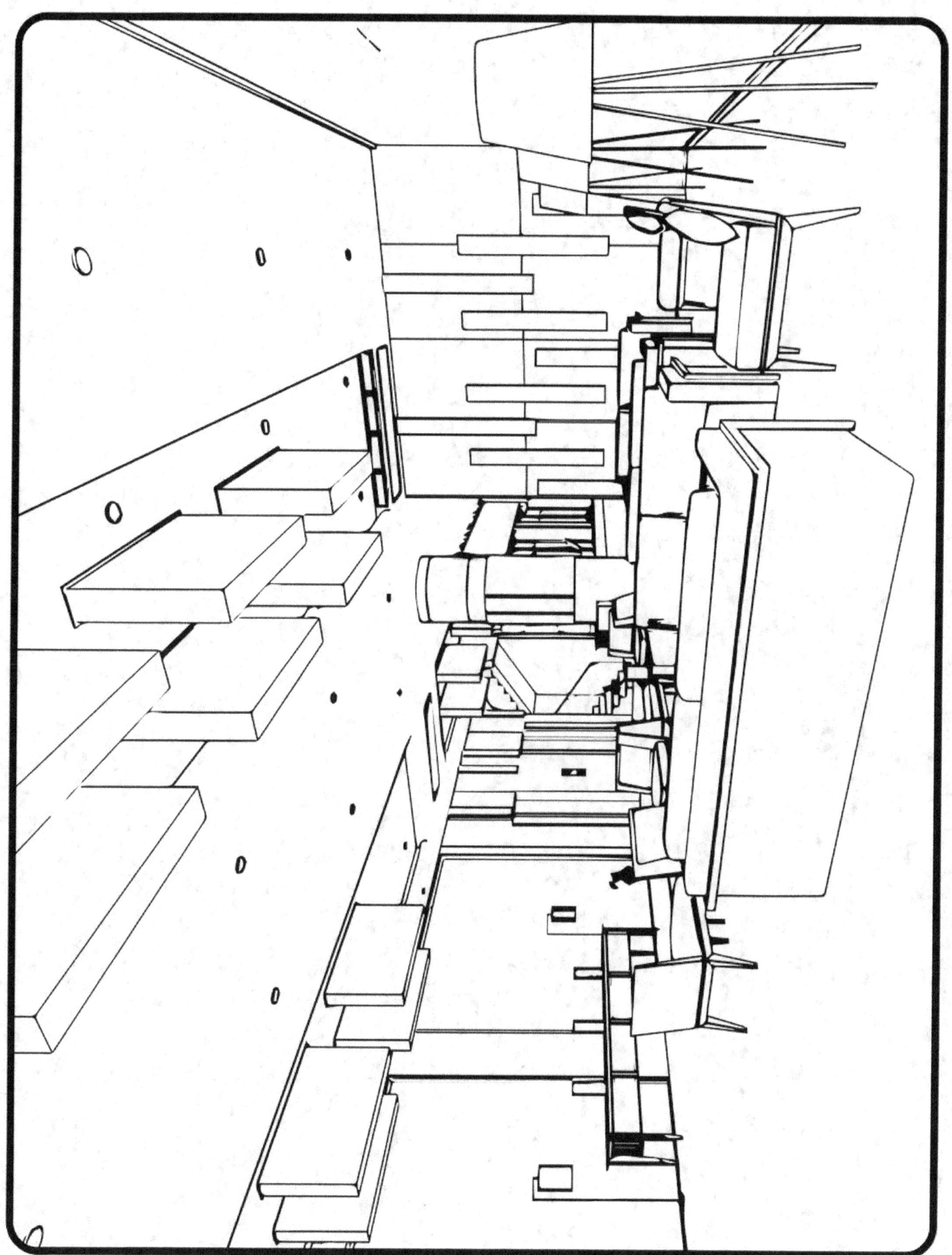

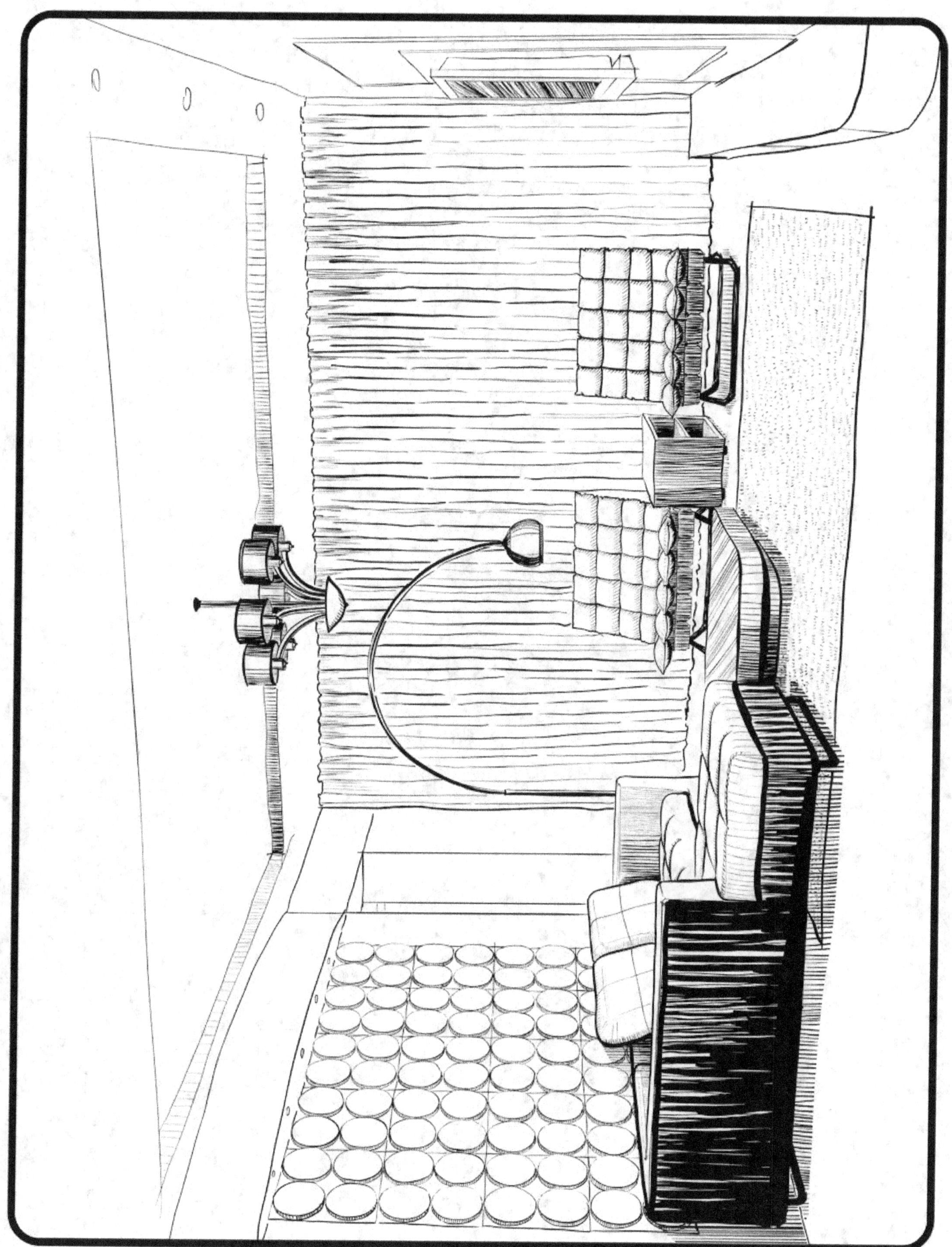

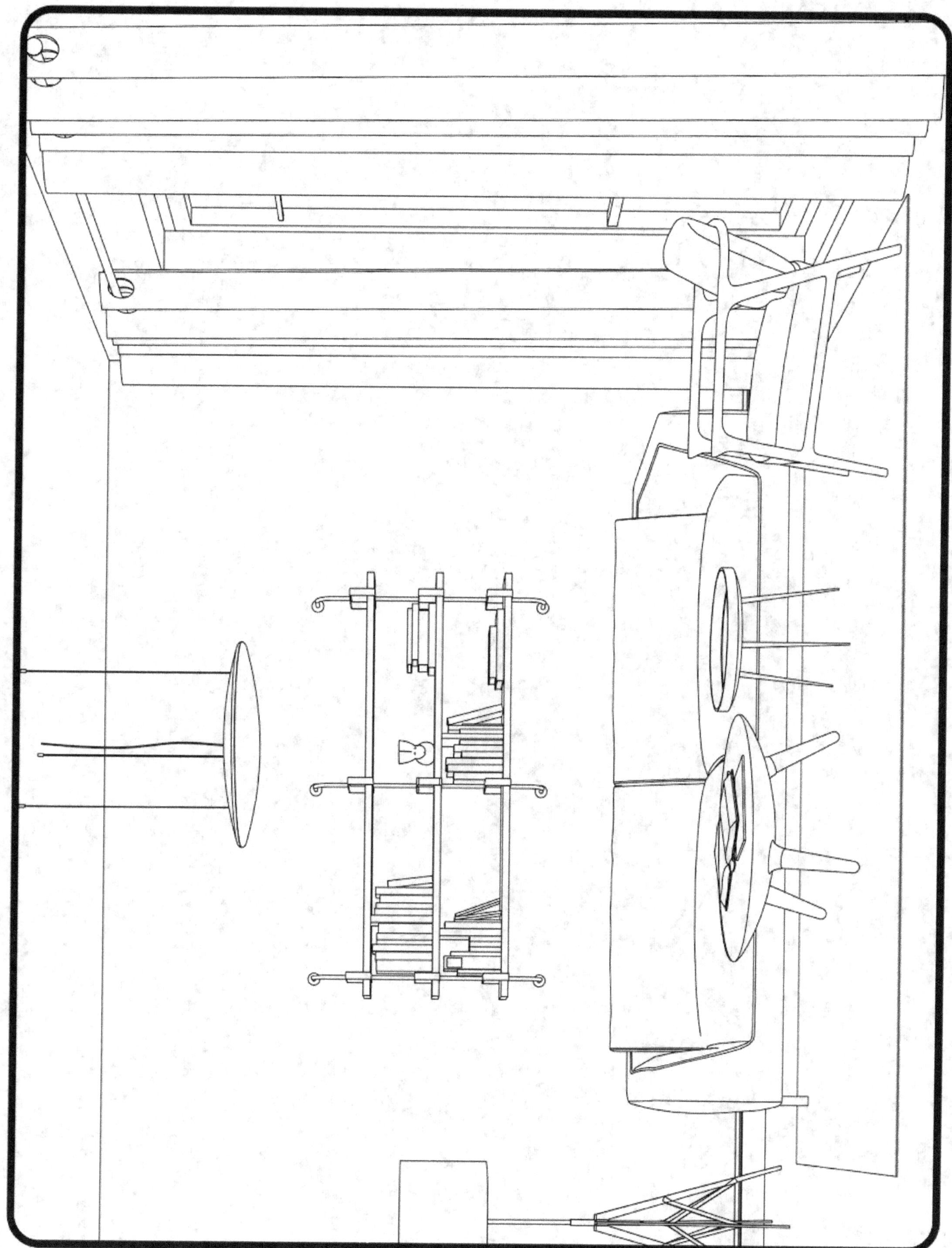

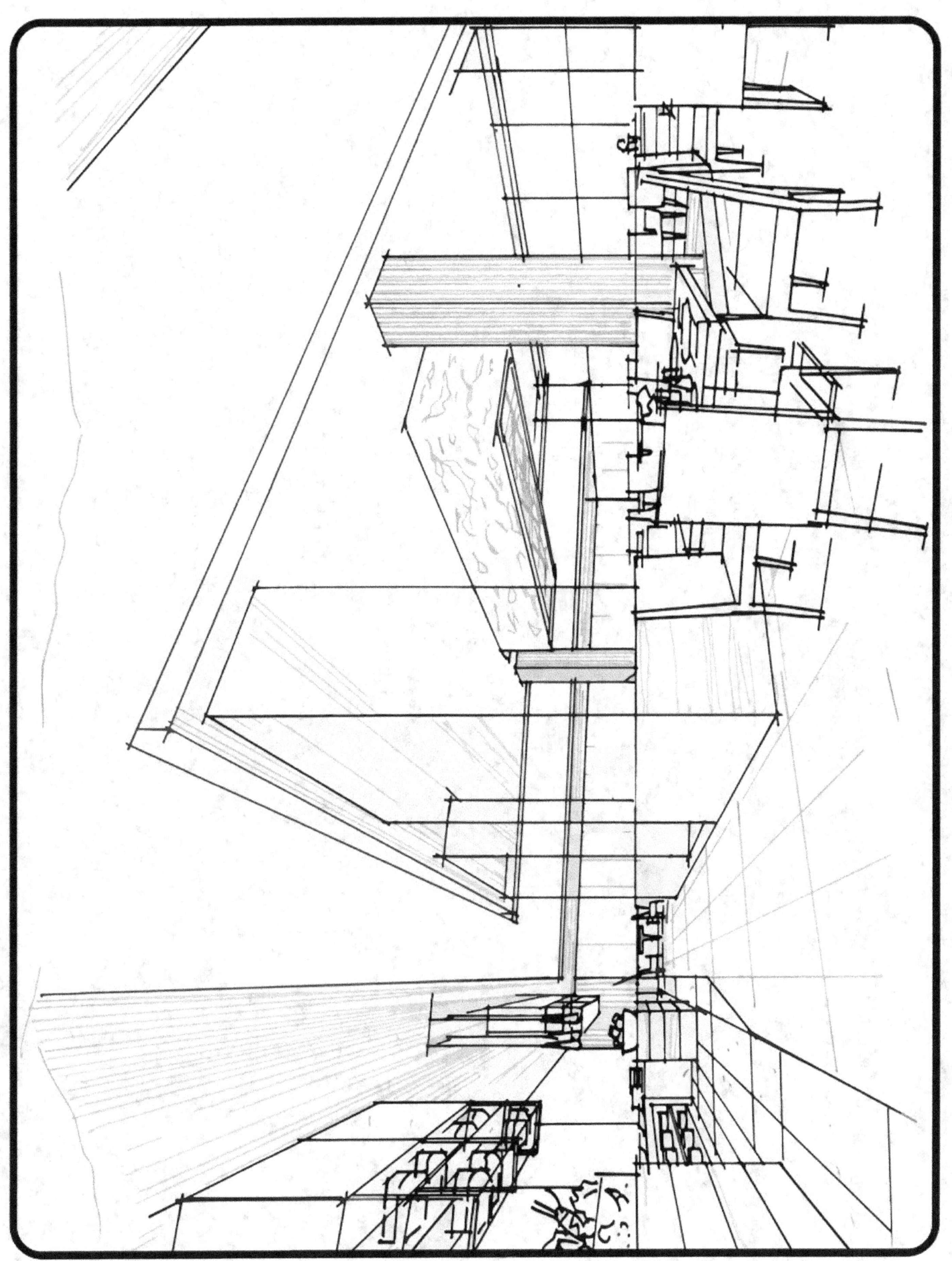

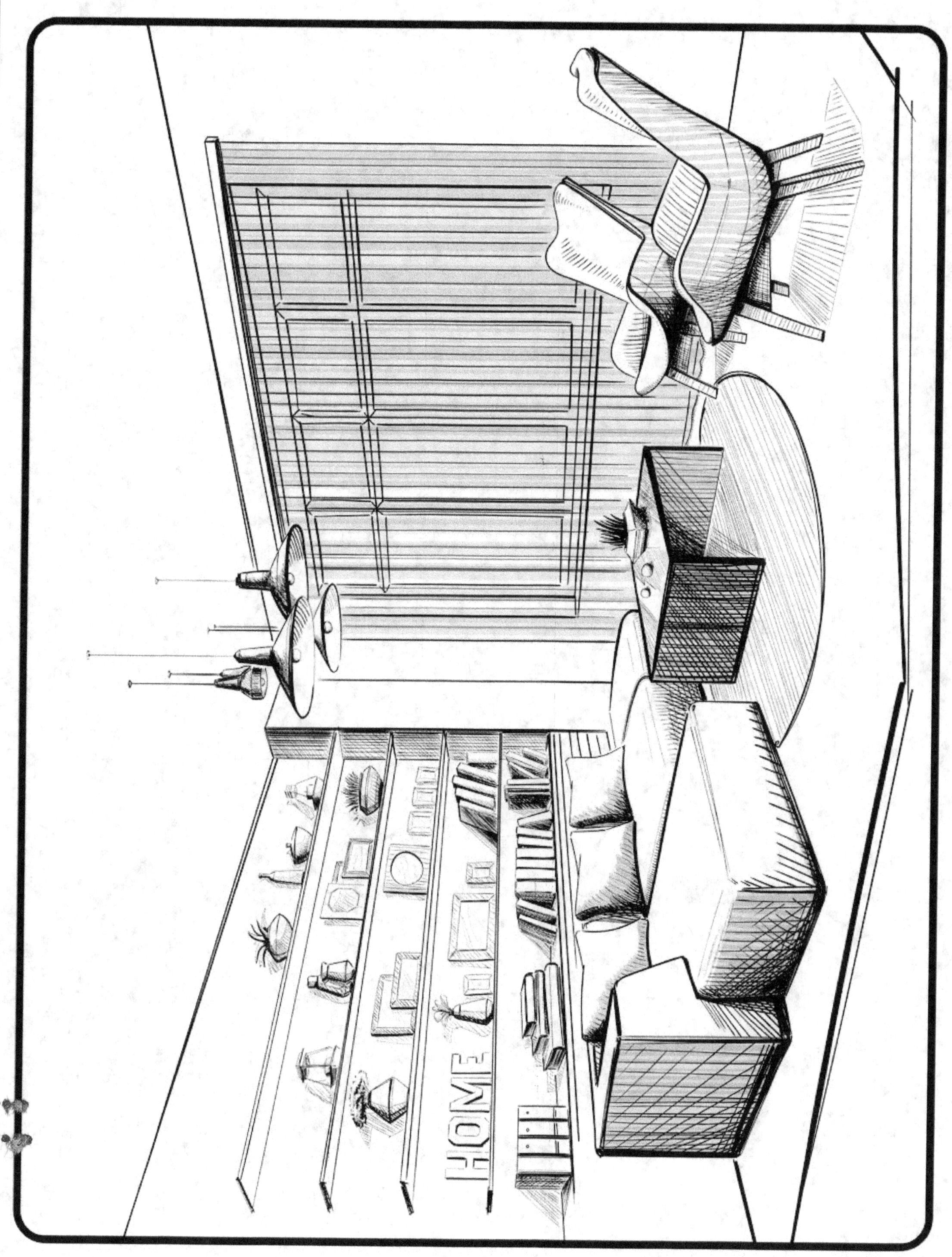

HOME

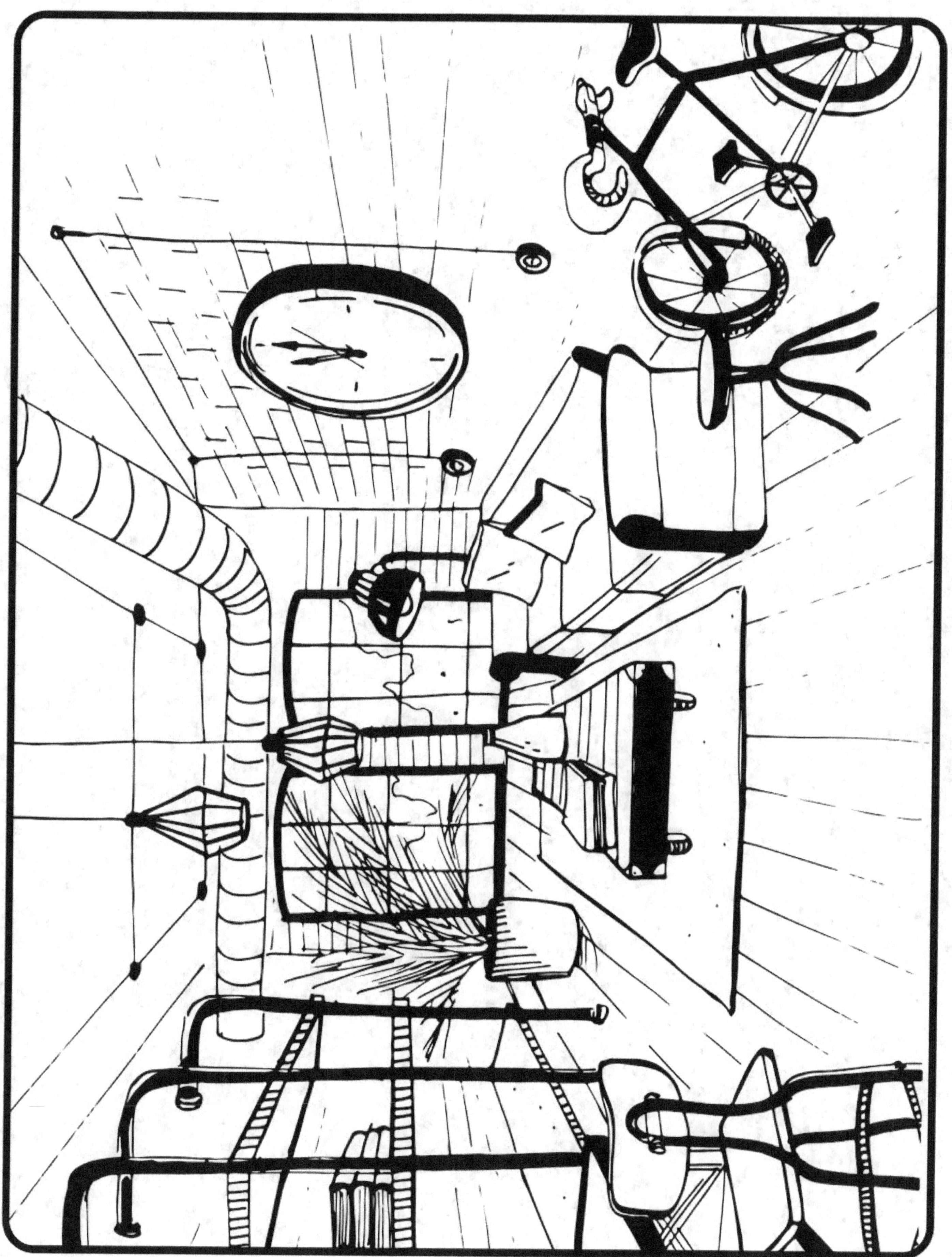

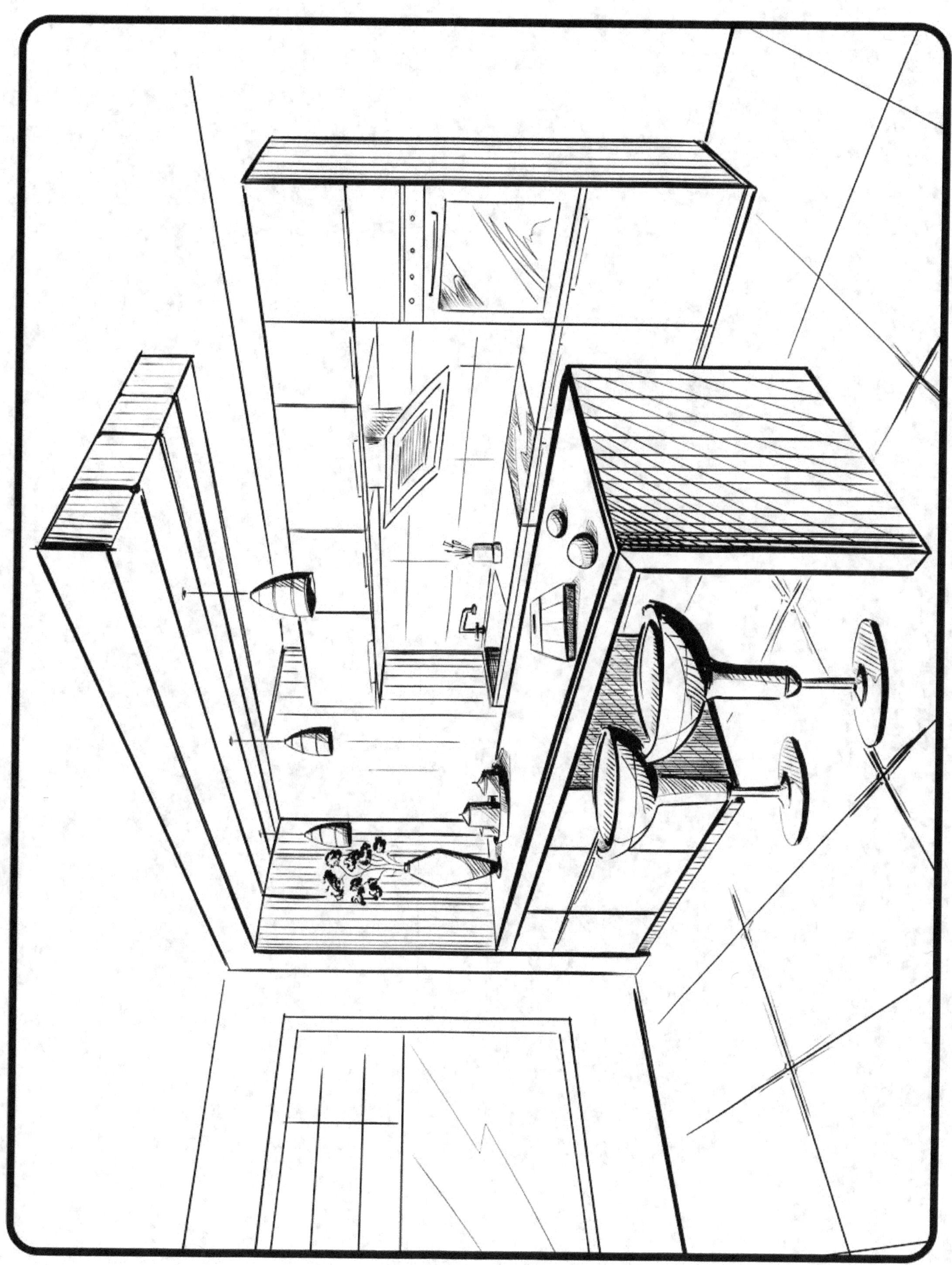

More coloring books from Katrin Stark

Grazie per aver acquistato questo libro.

Se ti piace il libro, considera di lasciare un commento,
questo aiuterà l'autore a creare libri migliori in futuro.

www.amazon.it/Katrin-Stark